heme reat an

알렉산더 대왕 — **마케도니아** — **정복자** — **알렉산드리아** — **헬레니즘**

글쓴이 이경애
동덕여자대학교에서 국어국문학을 공부했으며, 출판사에서 어린이 책을 기획·편집했습니다. 주로 어린이 책을 쓰고 있습니다. 작품으로는 〈저학년 세계명작〉, 〈논술 명작〉, 〈고흐〉, 〈아르키메데스〉, 〈잔 다르크〉 등이 있습니다.

그린이 조은숙
한국출판미술가협회 회원으로, 프리랜스 일러스트레이터입니다. 작품으로는 〈전봉준〉, 〈간디〉, 〈베토벤〉 등이 있습니다

펴낸이 김준석 **펴낸곳** 교연미디어 **편집 책임** 이영규 **리라이팅** 이주혜 **디자인** 이유나 **출판등록** 제2022-000080호 **발행일** 2023년 2월 15일
주소 서울시 관악구 법원단지 16길 18 B동 304호(신림동) **전화** 010-2002-1570 **팩스** 050-4079-1570 **이메일** gyoyeonmedia@naver.com

*이 책에 실린 글과 그림의 무단 복제 및 전재를 금합니다.

【영토 확장과 새 시대를 연 위인들】

알렉산더 대왕
-세계 정복 이야기-

이경애 글 | 조은숙 그림

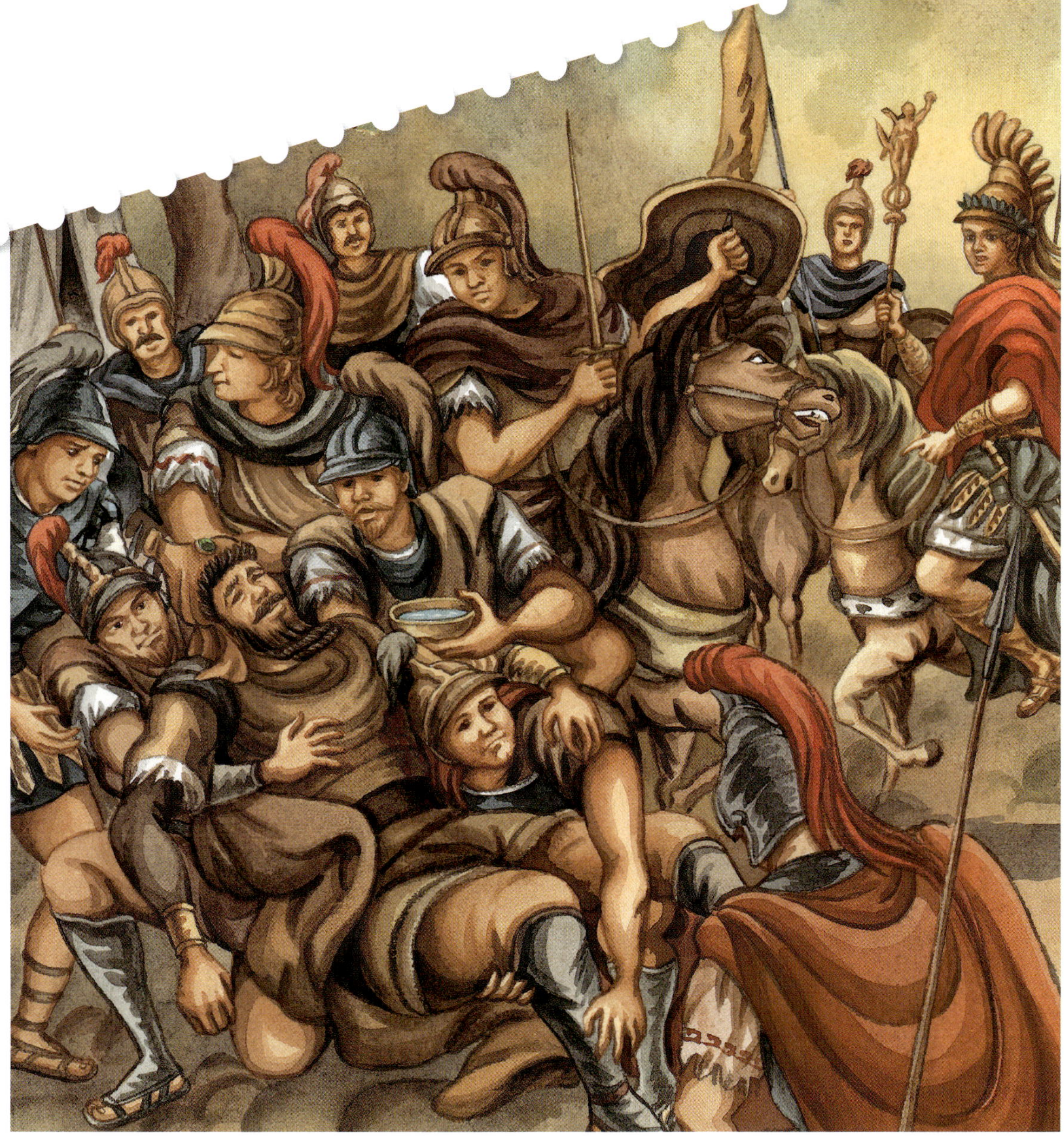

북마케도니아

마케도니아 왕국의 왕 필리포스 2세에게
깜짝 놀랄 만한 네 가지 소식이 전해졌어요.
파르메니온 장군의 승전, 자신의 말이 올림픽 게임에서 우승했다는 것,
*아르테미스 신전이 불에 타 버렸다는 것,
그리고 자신의 아들이 태어난 것이었지요.
"승리의 소식과 함께 태어난 아이라니! 게다가 네가 태어난 것을
보기 위해 아르테미스가 자리를 비워 신전에 불까지 난 모양이로군.
*알렉산더, 넌 위대한 사람이 될 운명을 타고났구나. 하하하!"
필리포스 2세는 무척 기뻐했답니다.

*아르테미스는 그리스 신화에 등장하는 아폴론의 쌍둥이 누이예요.
 사냥, 순결 등을 주관하며, '달의 여신'이라 일컬어진답니다.
*알렉산더는 알렉산드로스의 영어식 발음으로, 본래 이름은 알렉산드로스 3세입니다.
 이 책에서는 편의상 알렉산더로 통일했음을 알려드립니다.

필리포스 2세는 그리스 최고의 학자
*아리스토텔레스를
알렉산더의 선생으로 삼았어요.
"알렉산더 왕자님께서는
한번 배운 것은 완벽하게 익히는
참으로 영특한 분이십니다."
알렉산더는 다양한 교육을 받으며,
장차 마케도니아를 이어받을 후계자로서의
준비를 척척 해 나갔어요.

아리스토텔레스의 동상
아리스토텔레스는 플라톤과 함께
그리스 최고의 사상가로 꼽히는
인물이에요.

그러던 어느 날, 테살리아의 상인이
필리포스 2세를 찾아왔어요.
"전하, 세상에서 가장 좋은 말을 데려왔습니다."
상인이 가져온 말은 한눈에 보기에도 훌륭했어요.
털은 반지르르하고, 두 다리는 쭉 뻗어 있으며,
눈은 반짝반짝 빛났지요.
"오호, 과연 좋은 말이로군."

하지만 아무도 그 말을 탈 수가 없었어요.
등에 앉기만 해도 앞발을 치켜들며 *난동을 부렸기 때문이에요.
"히이잉~"
말을 탔던 사람들은 모두 땅바닥으로 떨어지고 말았답니다.

*난동은 마구 행동하는 것을 의미해요.

그때 가만히 말을 지켜보고 있던 알렉산더가 앞으로 나섰어요.
"제가 한 번 타 보겠습니다."
알렉산더는 말에게 가까이 다가가 귀에 대고 속삭였어요.
"괜찮아. 저건 네 그림자란다."
사실 말은 자신의 그림자를 보고 놀라 날뛴 거였어요.
알렉산더가 부드러운 손길로 쓰다듬으며 진정시키자
말은 순순히 자신의 등을 내밀었어요.
그러고는 알렉산더를 태우고 힘차게 달려 나갔답니다.
필리포스 2세는 매우 기뻐하며 알렉산더에게 말을 선물로 주었어요.

알렉산더가 스무 살이 되던 해, 필리포스 2세가 세상을 떠났어요.
알렉산더가 왕위에 오르자 여러 도시에서 *반란이 일어났지요.
용맹한 기세로 반란군을 모두 물리친 알렉산더는 연합군을 만들었어요.
"지금부터 우리는 세계를 정복하러 간다!"
알렉산더는 세계를 향해 *위풍당당하게 나아갔답니다.

*반란은 정부 또는 지배자 등에 반대하여 일으키는 행동이에요.
*위풍당당(威風堂堂)은 모습이나 크기가 남을 압도할 만큼 위엄이 있다는 뜻의 사자성어예요.

"아이쿠! 이거 큰일났군."
알렉산더가 온다는 소식을 들은
페르시아의 왕 다리우스는
급히 도망쳤어요.
"나라를 버리고 도망치다니.
당신은 더 이상 왕의 자격이 없어."
다리우스는 친척이었던 베수스에게
붙잡혀 죽임을 당했어요.
뒤늦게 이들을 발견한 알렉산더는
다리우스를 묻어 주고, 베수스를 *처형했어요.
그리고 마침내 페르시아를 점령하였답니다.

*처형은 죄인을 사형에 처하는 거예요.

알렉산더는 비록 힘으로 세계를 정복하고자 하였지만,
문화를 소중하게 여기는 지도자였어요.
특히 아리스토텔레스의 *영향을 받아 그리스 학자들을 *존중했지요.
알렉산더가 코린토스에 머물 때의 일이었어요.
"원하는 것이 있다면 말해 보시오. 뭐든지 들어 주겠소."
알렉산더가 그리스의 학자 디오게네스에게 물었어요.
"내가 원하는 것은 왕께서 가리고 있는 햇빛뿐입니다.
좀 비켜 주시기 바랍니다."
햇빛을 쬐고 있던 디오게네스는 귀찮다는 듯
손을 휘휘 내저으며 말했어요.

*영향은 다른 사물이나 사람의 상태를 규정짓거나 변화시키는 작용이에요.
*존중은 높이어 중하게 여기는 거예요.

"그나저나 왕께서는 지금 어디로 가시는 길입니까?"
디오게네스의 물음에 알렉산더는
자신만만한 표정으로 대답했어요.
"세계를 정복하러 가는 길이오."
"세계를 정복한 다음엔 무엇을 하실 생각입니까?"
"그야 당연히 편히 쉬어야지."
그러자 디오게네스는 갑자기 웃음을 터트렸어요.
"나는 세계를 정복하지 않고도 이렇듯 편히 쉬고 있으니
내 삶이 왕보다 더 나은 것 아니겠습니까?"
알렉산더는 디오게네스의 말을 듣고
큰 깨달음을 얻었어요.
'하지만 지금 와서 멈출 수는 없어. 만일 내가
알렉산더가 아니었다면 디오게네스가 되었을 것이다.'
알렉산더는 이렇게 중얼거리며 발걸음을 돌렸답니다.

알렉산더는 계속해서 세계를 향해 나아갔어요.
수많은 전투를 치르면서 어깨를 다치는 등
부상을 당하기도 했지만, 결코 멈추지 않았답니다.

알렉산더는 지치지 않는 정복력으로 인도 *원정에까지 나섰어요.
하지만 익숙하지 않은 *지형과 날씨로 인해
군사들의 사기는 땅에 떨어졌지요.
결국 알렉산더는 발길을 돌릴 수밖에 없었답니다.

*원정은 먼 곳의 적을 치러 가는 거예요.
*지형은 땅의 생긴 모양이에요.

크고 작은 전투를 치르며 부상을 당했던
알렉산더는 결국 병에 걸리고 말았어요.
그리고 기원전 323년,
'알렉산더 대왕'으로 불리는
알렉산더는 세계 정복의 꿈을
이루지 못한 채 세상을 떠났답니다

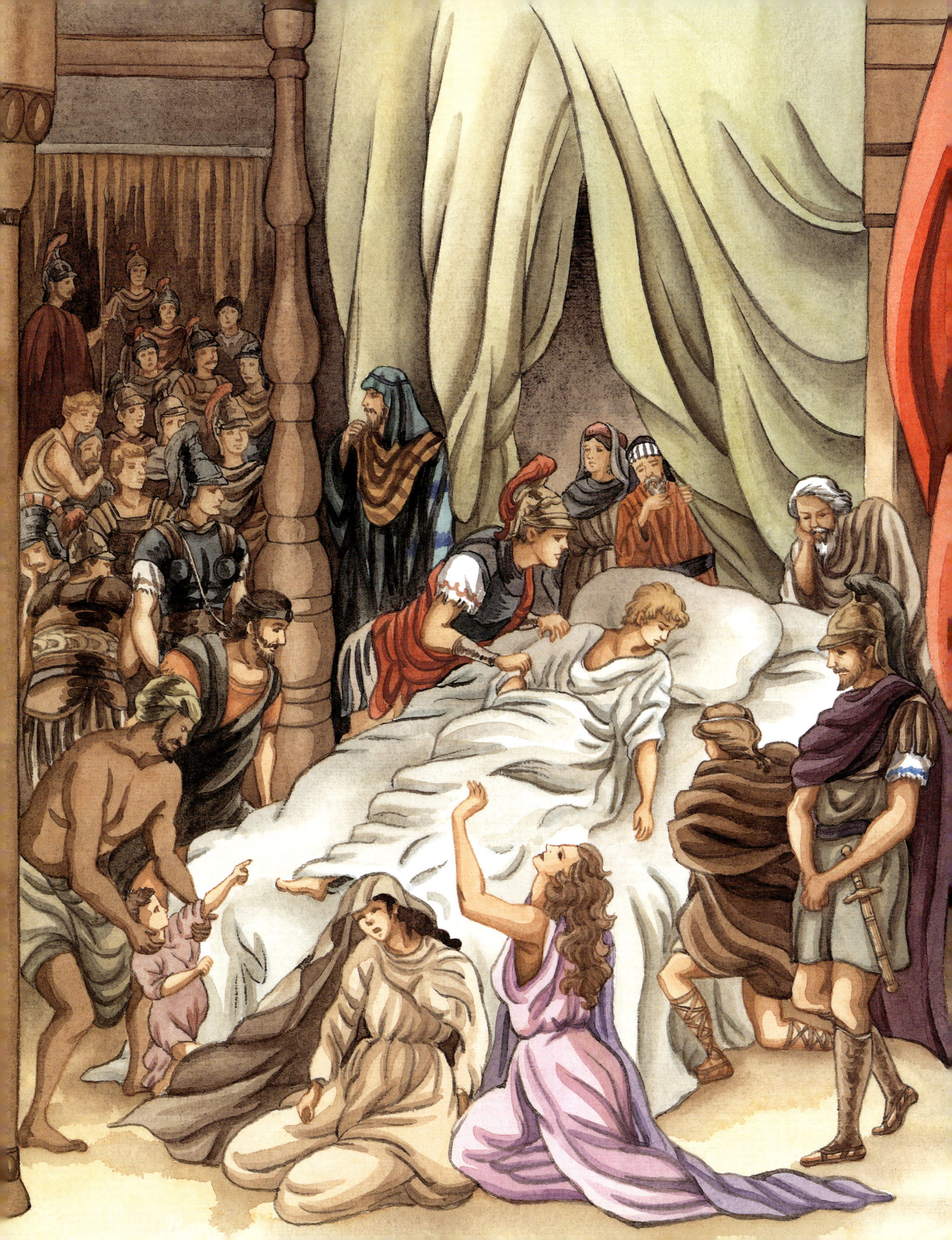

알렉산더 대왕 따라잡기

기원전	
356년경	마케도니아 왕국 펠라에서 태어났어요.
336년	필리포스 2세가 죽자, 그 뒤를 이어 마케도니아의 왕이 되었어요. 이후 그의 왕위 계승을 반대하여 일어난 세력을 모두 물리치고 세계 정복에 나섰어요.
334년	페르시아 제국 원정에 나섰어요.
331년	이집트에 '알렉산드리아'라는 도시를 건설했어요. 바빌론을 점령했어요.
330년	다리우스 3세를 물리치고 페르시아를 점령했어요.
326년	인도 원정에 나섰어요.
323년	바빌론에서 세상을 떠났어요.

알렉산더 대왕
연관검색

알렉산더를 가르침으로써 고향을 구한 아리스토텔레스

아리스토텔레스의 동상

필리포스 2세는 그리스 최고의 사상가였던 아리스토텔레스에게 알렉산더의 교육을 부탁했어요. 그 대가로 본인이 파괴했던 아리스토텔레스의 고향 스타게이라를 복구시켜 주었지요. 또한 노예가 된 시민들을 해방시켜 주었으며, 추방자들도 다시 데려올 수 있도록 도와주었답니다. 알렉산더는 특히 아리스토텔레스가 준 호메로스의 《일리아스》(고대 그리스 문학의 가장 오래된 서사시)에 관심을 가졌다고 해요. '일리아스'라는 이름은 트로이인들의 왕성인 '일리온'에서 유래했답니다.

트로이 멸망의 원인이 되었다는 목마상(재현)

동서양의 융합, 헬레니즘 문화

고대 헬레니즘 학문과 과학의 중심지 알렉산드리아

알렉산더 대왕이 활약했던 시대로부터 약 300년간 계속된 시대를 '헬레니즘 시대'라고 불러요. 헬레니즘 문화는 그리스 고유의 문화와 오리엔트 문화가 융합하여 이루어졌다는 데 의의가 있어요. 알렉산더 대왕의 세계 정복은 동서양이 만나는 계기가 되었어요. 이로 인해 서로 다른 유럽과 아시아의 문화가 합쳐져 헬레니즘 문화를 만들어낸 것이랍니다. 특히 헬레니즘 시대에는 과학의 발전이 두드러졌어요. 기하학의 유클리드와 아르키메데스, 천문학의 에라토스테네스와 아리스타르코스, 의학의 히포크라테스에 이르기까지 수많은 학자들이 배출되었답니다.

아르키메데스의 흉상

PHOTO ALBUM

알렉산더(알렉산드로스 3세)의 초상

금화에 새겨진 알렉산더 대왕의 얼굴

마케도니아 지역

싸움에서 이긴 후, 바빌론으로 들어가는 알렉산더 대왕

포로로 잡힌 포루스 왕을 보고 있는 알렉산더 대왕

알렉산더 대왕 사진첩

알렉산더 대왕이 세운 도시, 알렉산드리아

그리스 문화의 중심지, 아테네

마케도니아의 각료를 표현한 석상

페르시아 유적지

부케팔로스의 등에 올라탄 알렉산더 대왕의 동상

eadership
entoring